MIX
Papier aus verantwortungsvollen Quellen
Paper from responsible sources
FSC® C105338

Karin Lohmeier

Spezialisierung, Diversifizierung, Kooperation

Freiberufliche nichtärztliche Heilmittelerbringer im strategischen Entscheidungsprozess zum langfristigen Erhalt ihrer Einrichtungen auf dem Gesundheitsmarkt

Bachelor + Master
Publishing

Lohmeier, Karin: Spezialisierung, Diversifizierung, Kooperation: Freiberufliche nichtärztliche Heilmittelerbringer im strategischen Entscheidungsprozess zum langfristigen Erhalt ihrer Einrichtungen auf dem Gesundheitsmarkt, Hamburg, Bachelor + Master Publishing 2013

Originaltitel der Abschlussarbeit: Spezialisierung, Diversifizierung, Kooperation – freiberufliche nichtärztliche Heilmittelerbringer im strategischen Entscheidungsprozess zum langfristigen Erhalt ihrer Einrichtungen auf dem Gesundheitsmarkt

Buch-ISBN: 978-3-95549-314-1
PDF-eBook-ISBN: 978-3-95549-814-6
Druck/Herstellung: Bachelor + Master Publishing, Hamburg, 2013
Zugl. Fern-Hochschule Hamburg, Hamburg, Deutschland, Bachelorarbeit, April 2011

Bibliografische Information der Deutschen Nationalbibliothek:
Die Deutsche Nationalbibliothek verzeichnet diese Publikation in der Deutschen Nationalbibliografie; detaillierte bibliografische Daten sind im Internet über http://dnb.d-nb.de abrufbar.

Das Werk einschließlich aller seiner Teile ist urheberrechtlich geschützt. Jede Verwertung außerhalb der Grenzen des Urheberrechtsgesetzes ist ohne Zustimmung des Verlages unzulässig und strafbar. Dies gilt insbesondere für Vervielfältigungen, Übersetzungen, Mikroverfilmungen und die Einspeicherung und Bearbeitung in elektronischen Systemen.

Die Wiedergabe von Gebrauchsnamen, Handelsnamen, Warenbezeichnungen usw. in diesem Werk berechtigt auch ohne besondere Kennzeichnung nicht zu der Annahme, dass solche Namen im Sinne der Warenzeichen- und Markenschutz-Gesetzgebung als frei zu betrachten wären und daher von jedermann benutzt werden dürften.

Die Informationen in diesem Werk wurden mit Sorgfalt erarbeitet. Dennoch können Fehler nicht vollständig ausgeschlossen werden und die Diplomica Verlag GmbH, die Autoren oder Übersetzer übernehmen keine juristische Verantwortung oder irgendeine Haftung für evtl. verbliebene fehlerhafte Angaben und deren Folgen.

Alle Rechte vorbehalten

© Bachelor + Master Publishing, Imprint der Diplomica Verlag GmbH
Hermannstal 119k, 22119 Hamburg
http://www.diplomica-verlag.de, Hamburg 2013
Printed in Germany

Inhaltsverzeichnis

Abbildungs- und Tabellenverzeichnis 3

Abkürzungsverzeichnis 4

1   **Aufbau und Ziele der Arbeit** 5

2   **Die freiberuflichen nichtärztlichen Heilmittelerbringer im deutschen Gesundheitswesen** 8

2.1   Rechtliche Rahmenbedingungen 9

2.2   Aufgaben der freiberuflichen nichtärztlichen Heilmittelerbringer 10

2.3   Die Position der freiberuflichen nichtärztlichen Heilmittelerbringer im deutschen Gesundheitswesen 11

3   **Veränderte Bedingungen am Gesundheitsmarkt und deren Einflüsse auf die freiberuflichen nichtärztlichen Heilmittelerbringer** 13

4   **Spezialisierung, Diversifizierung, Kooperation als Möglichkeit zur Stabilisierung und Stärkung der freiberuflichen nichtärztlichen Heilmittelerbringer am Gesundheitsmarkt** 17

4.1   Spezialisierung 18

4.1.1   Primärspezialisierung 19

4.1.2   Problemspezialisierung 19

4.1.3   Zielgruppenspezialisierung 20

4.1.4   Chancen und Risiken der Spezialisierung 20

4.1.5   Auswirkungen einer Spezialisierung auf das Praxismanagement einer freiberuflichen nichtärztlichen Einrichtung im deutschen Gesundheitswesen 23

4.2   Diversifizierung 24

4.2.1   Diversifizierungstheorie 25

4.2.2   Der ressourcentheoretische Ansatz 26

4.2.3   Chancen und Risiken der immateriell verbundenen Diversifizierungsstrategie für die freiberuflichen nichtärztlichen Heilmittelerbringer am Beispiel einer logopädischen Praxis 27

4.2.4	Auswirkungen der immateriell verbundenen Diversifizierung auf das Praxismanagement der freiberuflichen nichtärztlichen Heilmittelerbringer	30
4.3	Kooperation	31
4.3.1	Kooperationstheorie	31
4.3.2	Chancen und Risiken von Kooperationen für die freiberuflichen nichtärztlichen Heilmittelerbringer	32
4.3.3	Chancen und Risiken der horizontalen Kooperation	34
4.3.4	Chancen und Risiken der diagonalen Kooperation	36
4.3.5	Kooperation und deren Einfluss auf das Praxismanagement der freiberuflichen nichtärztlichen Heilmittelerbringer	37
5	**Spezialisierung, Diversifizierung, Kooperation – drei zukunftsweisende Strategien zum langfristigen Erhalt der nichtärztlichen Heilmittelerbringer am Gesundheitsmarkt?**	**39**
5.1	Die Spezialisierungsstrategie und ihre Optionen zur Gewinnmaximierung, Existenzsicherung, Verbesserung der Wettbewerbsposition und praxisnahen Implementierung	40
5.2	Die Diversifizierungsstrategie und ihre Optionen zur Gewinnmaximierung, Existenzsicherung, Verbesserung der Wettbewerbsposition und praxisnahen Implementierung	41
5.3	Die Kooperationsstrategie und ihre Optionen zur Gewinnmaximierung, Existenzsicherung, Verbesserung der Wettbewerbsposition und praxisnahen Implementierung	42
6	**Fazit**	45
7	**Ausblick**	46
Literaturnachweis		49

Abbildungs- und Tabellenverzeichnis

Abb. 1: Das Dreiecksverhältnis im deutschen Gesundheitswesen………...……….. 12

Abb. 2: Inflation und Grundlohnsummensteigerung………………………………... 15

Abb. 3: Mögliche Kooperationspartner und –ebenen für die freiberuflichen nichtärztlichen Heilmittelerbringer im deutschen Sozial- und Gesundheitswesen …………………………………………………………....… 33

Tabelle 1:
Gegenüberstellung der Strategien und deren Optionen zur Gewinnmaximierung, Existenzsicherung, Verbesserung der Wettbewerbsposition und praxisnahen Implementierung………………………………………....…..……………. 44

Abkürzungsverzeichnis

bzw.	beziehungsweise
dbl e. v.	Deutscher Bundesverband für Logopädie eingetragener Verein
d. h.	das heißt
et al.	und andere
evt.	eventuell
GKV	Gesetzliche Krankenversicherung
IFK	Bundesverband selbstständiger Physiotherapeuten
o. J.	ohne Jahresangabe
u. a.	unter anderem
SGB V	Sozialgesetzbuch Fünftes Buch Krankenversicherungen
SH	Schleswig-Holstein
vgl.	vergleiche
z. B.	zum Beispiel

1 Aufbau und Ziele der Arbeit

Das deutsche Gesundheitssystem befindet sich in einem, für alle Akteure auf dem Gesundheitsmarkt, konsequenzreichen Wandel. *„Seit 1977 (Kostendämpfungsgesetze 1977/1981) ist die Gesundheitspolitik intensiv damit befasst, die ständig wachsenden Ausgaben und die damit verbundenen Beitragssatzsteigerungen im Gesundheitswesen in den Griff zu bekommen"* (Lohmeier 2010: 10). Die letzte aktuelle Reform ist seit dem 01.07.2011 gültig. Mehr Wettbewerb unter den Dienstleistern sowie die Entfernung von nachweislich nicht effektiven Behandlungsansätzen aus dem Leistungskatalog der Krankenkassen sind nur zwei Beispiele politisch gewollter Reformen. Durch die Interventionen der Gesetzgebung wächst der Ökonomisierungsdruck auf die Heilmittelerbringer. Die gesundheitspolitischen und wirtschaftlichen Rahmenbedingungen aller Akteure im Gesundheitssektor haben und werden sich zukünftig verändern. Besonders vom Wandel im Gesundheitswesen betroffene Berufsgruppen sind die freiberuflichen nichtärztlichen Heilmittelerbringer, wie z. B. die Physiotherapeuten, Ergotherapeuten und Logopäden. Bedingt durch ihre Stellung im deutschen Gesundheitssystem fehlt es ihnen an politischer Einflussnahme. Angehörige dieser Berufsgruppen fürchten um ihre Existenz. *„Wir haben dramatische Einbrüche..."*, so Lucas Rosenthal Geschäftsführer des Bundesverbandes für Logopädie (Jessen 2006).

Aktuellen Meldungen zu Folge befindet sich jedoch die *„Gesundheitswirtschaft derzeit im Aufwind"* (Bräuninger, Rakau 2010: 1). *„Die Gesundheitsbranche in Deutschland ist eine Wachstumsbranche und gilt als zentrales Handlungsfeld der Wirtschafts-, Beschäftigungs- und Innovationspolitik"* (Evans, Schalk 2008: 25). *„Mit einem Anteil am Bruttoinlandsprodukt von nahezu 11% bzw. derzeit etwa 260 Mrd. Euro ist der Gesundheitsmarkt der größte und zugleich expansivste Wachstums- und Beschäftigungsmotor aller deutschen Branchen"* (Goldschmidt, Hilbert 2009: 12).

Veränderungen in Unternehmen jeder Branche sind unerlässlich um im Wettbewerb bestehen und flexibel auf dynamische Rahmenbedingungen reagieren zu können. Die Angehörigen der genannten Berufsgruppen fürchten um ihre Existenz, obwohl sie Akteure in einer Wachstumsbranche sind. Sie sind also gefordert ihre Grundannahmen der bisherigen Unternehmensstrategie zu prüfen und neue Bilder einer Unternehmensidentität zu entwickeln, um weiterhin auf dem Gesundheitsmarkt bestehen zu können (vgl. Nagel 2009: 1). Doch welche Möglichkeiten haben die freiberuflichen nichtärztlichen Heilmittelerbringer? Zeigt sich doch selbst der Berufsverband für Logopädie in seinen Strategieempfehlungen für seine Mitglieder zunächst widersprüchlich:

> *„…die Entwicklung der Fallzahlen in einzelnen Störungsbereichen, zum Beispiel die aufgrund der demographischen Entwicklung zu erwartende Zunahme neurologisch bedingter Sprech- und Sprachstörungen bei Erwachsenen, sprechen für eine **Spezialisierung** in der Logopädie"* (vgl. dbl e.v. 2011)

> *„Seit mehreren Jahren schon empfiehlt der Deutsche Bundesverband der Logopäden seinen Mitgliedern, sich neben der klassischen logopädischen Diagnostik und Therapie **weitere berufliche Standbeine** zu erobern …"* (Bundesfreiberuflerkommission 2011: 46)

> *„Die **Kooperation** mit einem Praxisnetz leistet einen Beitrag zur Existenzsicherung"* (vgl. dbl e.v. 2011)

Die Arbeit setzt sich mit den Möglichkeiten auseinander, die Spezialisierungs-, Diversifizierungs- und Kooperationstheorien zum langfristigen Erhalt freiberuflicher nichtärztlicher Heilmittelerbringer am Gesundheitsmarkt beitragen können. Dazu werden die Grundlagen der jeweiligen Theorien erörtert. Die Managementrelevanz ergibt sich durch Änderung der Geschäftslogik und einem tiefgreifenden, die gesamte Einrichtung betreffenden Veränderungsprozess (vgl. Baum 2009: 20-21).

Es soll gezeigt werden, inwieweit diese Theorien auf die besondere Situation der freiberuflich nichtärztlichen Heilmittelerbringer übertragbar sind.
In einem ersten Punkt werden Stellung und Rahmenbedingungen freiberuflicher nichtärztlicher Heilmittelerbringer im deutschen Gesundheitswesen beschrieben.

Es folgt die Darstellung der veränderten Bedingungen am Gesundheitsmarkt und die Auswirkungen auf Heilmittelerbringer.

In einem weiteren Abschnitt werden Möglichkeiten wie Spezialisierung, Diversifizierung und Kooperation zur Stärkung der freiberuflichen nichtärztlichen Heilmittelerbringer am Gesundheitsmarkt erörtert sowie die Auswirkungen auf das bestehende Praxismanagement aufgezeigt.

In einer abschließenden kritischen Würdigung wird untersucht, inwieweit sich Spezialisierung, Diversifizierung und Kooperation tatsächlich als langfristige Lösungsmöglichkeit zur Stabilisierung und Stärkung freiberuflicher nichtärztlicher Heilmittelerbringer anbieten.

Zur besseren Verständlichkeit wird in der vorliegenden Arbeit die maskuline Schreibweise gewählt.

2 Die freiberuflichen nichtärztlichen Heilmittelerbringer im deutschen Gesundheitswesen

Akteure im deutschen Gesundheitswesen, die als nichtärztliche Heilmittelerbringer bezeichnet werden, sind laut dem Gesundheitsbericht für Deutschland von 1998 Angehörige der Berufsgruppen:

- Ergotherapeuten
- Hebammen
- Heilpraktiker
- Physiotherapeuten
- Psychotherapeuten
- Sprachtherapeuten (Logopäden, Atem-, Sprech- und Stimmlehrer)
- Musiktherapeuten
- Diätassistenten
- Masseure (med. Bademeister)
- Medizinischer Fußpfleger
- Heileurythmisten

Die vorliegende Arbeit bezieht sich vornehmlich auf die Praxen der Ergotherapeuten, Physiotherapeuten und Logopäden, da diese unter sehr ähnlichen Bedingungen auf dem Gesundheitsmarkt agieren.

Nach Abschluss der Berufsausbildung können die ergotherapeutischen, physiotherapeutischen und logopädischen Fachkräfte einen Antrag auf Kassenzulassung bei den GKV stellen. Die Voraussetzungen zum Betreiben einer freiberuflichen nichtärztlichen Einrichtung sind in den Zulassungsbestimmungen der Spitzenverbände der Krankenkassen geregelt (vgl. AOK Bremen 2009). Es handelt sich hierbei stets um eine persönliche und raumbezogene Erlaubnis zur Abgabe von Heilmitteln. Liegt eine Kassenzulassung vor, werden die Therapeuten auf ärztliche Verordnung hin in ihren Einrichtungen tätig (vgl. Lohmeier 2010: 7). Ihre Leistungen am Patienten werden durch die gesetzlichen und privaten Krankenkassen vergütet. *„Die Höhe der Vergütung wird derzeit zwischen den Vertretern der gesetzlichen Krankenkassen und den zuständigen Berufsverbänden ausgehandelt"*

(Lohmeier 2010: 7). Nach § 71 Abs. 3 SGB V gilt hier die gesetzliche Höchstgrenze in Höhe der vom Bundesgesundheitsministerium jährlich ermittelten Grundlohnsummensteigerung. Die Grundlohnsumme ist die durchschnittliche Veränderungsrate der beitragspflichtigen Einnahmen **aller** Mitglieder der Krankenkassen je Mitglied.

In den Praxen der genannten Heilmittelerbringer ist es durchaus üblich Mitarbeiter zu beschäftigen. Gegenüber den Krankenkassen ist der freiberufliche Einrichtungsinhaber verpflichtet, über die Qualifikationen der therapeutischen Arbeitnehmer Rechenschaft abzulegen (vgl. Lohmeier 2010: 7).

2.1 Rechtliche Rahmenbedingungen

*„Das Sozialgesetzbuch legt fest, dass die gesetzlichen Krankenversicherungen und die Ärzte eine **ausreichende**, **zweckmäßige** und **wirtschaftliche** Versorgung der Versicherten erarbeiten müssen (§92 SGB V)"* (Lohmeier 2010: 11)[1]. Die **Heilmittel-Richtlinie** (die letzte überarbeitete Version ist seit dem 01.07.2011 gültig) ist eine daraus entstandene Norm. Diese Norm **regelt fachlich und inhaltlich das Verordnungsverhalten** der Ärzte. *„Ein wesentlicher Bestandteil der Heilmittelrichtlinien ist der **Heilmittelkatalog**. Dieser beschreibt **welche Heilmittel in welchen Mengen** bei bestimmten Diagnosen im Regelfall zu einer medizinisch angemessenen und wirtschaftlichen Versorgung führen"* (Lohmeier 2010: 11)[2]. Im Heilmittelkatalog sind die „therapeutischen Anwendungen" der nichtärztlichen Heilmittelerbringer verortet. Nur aufgrund der Verortung im Heilmittelkatalog werden die Leistungen der Ergo-, Physiotherapeuten und Logopäden von den gesetzlichen und privaten Krankenkassen vergütet.

*„Zusätzlich wurden am 01.01.2006 erstmalig die **Richtgrößen** eingeführt. Die Richtgrößen werden zwischen den einzelnen kassenärztlichen Vereinigungen und*

---

[1] vgl. dbl e. v. 2006
[2] vgl. dbl e. v. 2006

*den gesetzlichen Krankenkassen vereinbart. Sie sind eine Art **ökonomisches Steuerinstrument**. Ein Verordnungsdurchschnitt wird dabei als Obergrenze von Heilmittelausgaben für eine Arztpraxis festgelegt. Die Richtgrößen werden jeweils zum Jahresbeginn neu angepasst. Überschreitet der Arzt seine Richtgröße um mehr als 15 % droht eine Wirtschaftlichkeitsprüfung, bei Überschreitung von 25 % ein Regress von Seiten der Krankenkassen. Der Mediziner hat allerdings die Möglichkeit sich über Praxisbesonderheiten zu rechtfertigen"* (Lohmeier 2010: 11)[3].

2.2 Aufgaben der freiberuflichen nichtärztlichen Heilmittelerbringer

Auf Grundlage der Heilmittelrichtlinien und unter Berücksichtigung des Heilmittelkataloges, dürfen die zuständigen niedergelassenen Kassenärzte eine Verordnung über Ergo-, Physiotherapie und Logopädie ausstellen (vgl. Lohmeier 2010: 8). *„Mit diesem Rezept in den Händen, hat der Patient derzeit freie Behandlerwahl zwischen den zugelassenen Praxen auf dem Gesundheitsmarkt"* (Lohmeier 2010: 8).

Bezugnehmend auf den Informationsdienst für Physiotherapeuten (2010) können die Aufgaben der nichtärztlichen Heilmittelerbringer wie folgt beschrieben werden:

Aufgabe der Ergotherapeuten ist es, durch ihre Behandlungen Menschen zu unterstützen, deren Handlungsfähigkeiten eingeschränkt oder von eingeschränkter Handlungsfähigkeit bedroht sind. Im Vordergrund steht die (Wieder-) Erlangung der motorischen, geistigen, psychischen und sozialen Selbstständigkeit. Statistisches Zahlenmaterial über freiberuflich wirkende Ergotherapeuten stand der Autorin leider nicht zur Verfügung.

---

[3] vgl. dbl e. v. 2006

Physiotherapeuten widmen sich in erster Linie den Menschen, die in ihrer motorischen Beweglichkeit Defizite aufweisen. Veröffentlichungen des Deutschen Bundesverbandes der Physiotherapeuten e. V. zufolge, waren am 30.06.2010 34.224 freiberufliche Physiotherapeuten in eigener Praxis tätig.

Das Berufsbild der Logopäden beinhaltet die Behandlung von Menschen mit Sprach-, Sprech-, Stimm- und Schluckstörungen. Im Vordergrund steht die Anbahnung oder Wiedererlangung der Kommunikationsfähigkeit. Rund 4.650 Mitglieder des Deutschen Bundesverbandes für Logopädie e. V. wirkten im Jahr 2010 in Deutschland als Freiberufler (vgl. dbl e. v. 2011).

2.3 Die Position der freiberuflichen nichtärztlichen Heilmittelerbringer im deutschen Gesundheitswesen

Seit April 2007 besteht in Deutschland die Krankenkassenpflicht. Somit ist die Gesamtbevölkerung Deutschlands Mitglied in einer gesetzlichen oder privaten Krankenversicherung. 2009 wurde der Gesundheitsfond eingeführt. Hier fließen alle Beiträge von Arbeitgebern, Arbeitnehmern, Rentenversicherungsträgern, sowie Steuerzuschüsse des Bundes zusammen. Hieraus erhält eine gesetzliche Krankenkasse für jede versicherte Person eine Pauschale, deren Höhe sich nach Alter, Geschlecht und Gesundheitszustand bemisst (vgl. Bundesministerium für Gesundheit 2011). Die freiberuflichen nichtärztlichen Heilmittelerbringer gehören zu den Akteuren im sogenannten „Dreiecksverhältnis" des deutschen Gesundheitssystems, was sich wie folgt darstellt:

Die Mitglieder der gesetzlichen Krankenkassen zahlen anteilig Versicherungsbeiträge. Die gesetzlichen Krankenkassen müssen für ihre Versicherten eine ausreichende medizinische Versorgung bereitstellen (siehe Kapitel 1.1). Die Leistungserbringer erfüllen diese Aufgabe im Auftrag der Krankenkassen. D.h., die Versicherten nehmen medizinische Leistungen in Anspruch, die von den Leistungserbringern durchgeführt werden. Die Krankenkassen als Kostenträger vergüten diese Leistungen direkt an die Leistungserbringer. Die Abb. 1 visualisiert die, aufgrund der Thematik dieser Arbeit bewusst einfach gehaltene, Struktur des sogenannten Dreiecksverhältnisses im deutschen Gesundheitswesen.

Abb. 1:

Das Dreiecksverhältnis im deutschen Gesundheitswesen

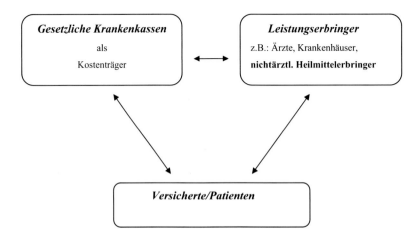

(eigene Darstellung in Anlehnung von Alerion Health Care o. J.)

Die freiberuflichen nichtärztlichen Heilmittelerbringer befinden sich als Akteure in einem stark hierarchisch geprägten System der *Leistungserbringer*. Sie handeln zwar im Rahmen ihrer Freiberuflichkeit eigenverantwortlich, sind aber dem verordnenden Arzt gegenüber weisungsgebunden. Der Arzt legt fest **welche Heilmittel** zur Anwendung kommen. Es kann sich hierbei z. B. um die Verordnung einer logopädischen Therapie oder Physiotherapie handeln. Weiterhin entscheidet **er** wie oft und lange die Behandlungen durchgeführt werden sollen. Liegt keine ärztliche Verordnung vor, dürfen die nichtärztlichen Heilmittelerbringer keine Leistungen im Rahmen der gesetzlichen Krankenversicherung am Patienten durchführen, selbst dann nicht, wenn der Versicherte (Patient) diese Behandlung wünscht.

Die Position der freiberuflichen nichtärztlichen Heilmittelerbringer ist folglich geprägt von Abhängigkeiten, die sich zusammenfassend ausdrücken, in:

- der unter Kapitel 2 erwähnten, fehlenden Einflussnahme auf die Höhe der Vergütungsverhandlungen
- der unter Kapitel 2.1 beschriebenen Verortung der Tätigkeit im Heilmittelkatalog und den darauf bezogenen Richtgrößen sowie
- der Position im konfliktträchtigen Spannungsfeld zwischen den Bedürfnissen der Patienten und dem ärztlichen Auftrag.

3 Veränderte Bedingungen am Gesundheitsmarkt und deren Einflüsse auf die freiberuflichen nichtärztlichen Heilmittelerbringer

Wie bereits in Kapitel 1 erwähnt, ist die Gesundheitspolitik seit 1977 darum bemüht, die ständig wachsenden Ausgaben und die damit verbundenen Beitragssatzsteigerungen im Gesundheitswesen zu steuern (vgl. Lohmeier 2010: 10). Der überwiegende Teil der erwachsenen Bevölkerung erfährt die Auswirkungen der Reformen z. B. durch höhere Kostenbeteiligung bei Inanspruchnahme von Heilmitteln. Hier sind u. a. die Praxisgebühr, die Rezeptgebühr, die 10%ige Selbstbeteiligung bei Leistungen der nichtärztlichen Heilmittelerbringer zu nennen. Ebenso spürbar werden die Reformen durch bestimmte Medikamente, die nicht mehr auf Rezept erhältlich sind, sondern vom Patienten selbst, zum vollen Preis getragen werden müssen. Aber es gibt ebenfalls Bestrebungen in den Reformen, deren Auswirkungen nicht nur kostensenkend wirken, sondern auch bei richtiger Umsetzung, Vorteile für die Bundesbürger beinhalten können. Durch die jüngsten Gesundheitsreformen soll eine indikationsorientierte, ganzheitliche Versorgung für die Patienten aufgebaut werden. Sie ist abhängig vom Krankheitsbild. Sie reicht von der Prävention, über die akut medizinische Versorgung, bis hin zur ambulanten oder stationären Rehabilitation. Geplant ist hier also eine Versorgung, die dem Patienten unnötige Wege, Wartezeiten und Doppeluntersuchungen ersparen sowie vorausschauend und langfristig die individuellen Umstände berücksichtigen soll – die sogenannte „integrierte Versorgung" (vgl. Röttger-Liepmann 2009: 5-8). Die Erkenntnis, dass integrierte Versorgungsstrukturen die beste Versorgung der Patienten sowie die optimale Nutzung der Ressourcen im Gesundheitswesen gewährleisten, erfordert Veränderungen auf struktureller Ebene (vgl. Walkenhorst, Klemme 2008: 181). Strukturveränderungen im Gesundheitswesen bedingen die Notwendigkeit der Entwicklung neuer Konzepte.

Auch der durch die Gesundheitsreform angetriebene Wettbewerb kommt einigen Menschen in Deutschland zugute. So ist es z. B. nicht mehr nur den Mitgliedern einer privaten Krankenversicherung vorbehalten eine ambulante Sprechstunde im Krankenhaus in Anspruch zu nehmen, sondern ebenso den gesetzlich Versicherten.

Für die freiberuflichen nichtärztlichen Heilmittelerbringer wird ein deutlicher Umbruch hin zu strukturellen und konzeptionellen Veränderungen sowie eine zunehmende Wettbewerbsintensität spürbar. Aber es ist nicht nur der verstärkte Wettbewerb der den Blick auf die Zukunft der Praxisinhaber trübt. Durch die Bindung der jährlichen, maximalen Leistungsvergütungserhöhung an die durchschnittliche Grundlohnsummensteigerung schrumpfen die Einkommen der freiberuflichen nichtärztlichen Heilmittelerbringer drastisch. Die Grundlohnsummensteigerung lag innerhalb der vergangenen acht Jahre sechs Jahre deutlich unterhalb der Teuerungsrate, wie z. B. im Jahre 2007. Zu dieser Zeit betrug die Teuerungsrate 2,3% (vgl. Dithmarscher Landeszeitung 2011) und die Grundlohnsummensteigerung 0,64% (vgl. Bundesministerium für Gesundheit 2011) (siehe Abb. 2). Zusätzlich steigen die jährlichen Ausgaben zur Erfüllung der gesetzlichen Anforderungen und Auflagen der Krankenkassen zum Betreiben einer nichtärztlichen Praxis. Auch Steffen Salutzki kam 2010 im Rahmen seiner Diplomarbeit an der Hochschule für Ökonomie & Management in Berlin zu dem Schluss „..., *dass der freiberufliche Heilmittelerbringer im geltenden Regelungsgeflecht kaum eine realistische Chance hat, im Rahmen seiner Unternehmensführung angemessene Preise für seine Leistungen zu erzielen."*

Abb. 2:

Inflation und Grundlohnsummensteigerung

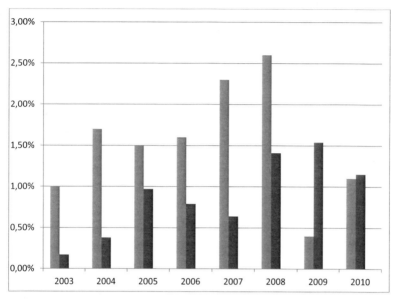

Anstieg der Verbraucherpreise; Grundlohnsummensteigerung

(eigene Darstellung)

Quelle: **Grachtrup,B.** (2011); Quelle: **Bundesministerium für Gesundheit** (2011)

Weiterhin ist seit Einführung der Richtgrößen im Jahr 2006, ein deutlicher Rückgang der Verordnungsquantität zu verzeichnen. Laut der IFK-Wirtschaftlichkeitsumfrage aus dem Jahr 2008 ist der Gesamtumsatz einer Physiotherapiepraxis 2007 im Vergleich zu 2006 um 3,5 % gesunken. Die Autorin, selbst als freiberufliche Logopädin tätig, verzeichnete einen Umsatzverlust innerhalb der vergangenen fünf Jahre von 5,2 %.

„Viele Ärzte betonen, dass die nach den Richtgrößen zulässigen Verordnungsmengen im Bereich der Heilmittel nicht ausreichend sind, um Heilmittel-konform verordnen zu können. Viele scheuen auch bereits die Androhung einer Wirtschaftlichkeitsprüfung, auch wenn diese nicht zum Regress führt. Ärzte, denen ein

Regress angedroht wird, weigern sich nicht selten, weitere Verordnungen auszustellen – unabhängig von der medizinischen Notwendigkeit" (vgl. dbl e. v. 2006). Aktuell wurden im Januar 2011, für das Jahr 2011, die Richtgrößen in Schleswig-Holstein im Vergleich zum Vorjahr 2010 **um 1,5 % gesenkt** (vgl. dbl Landesverband SH 2011).

Die vielfältigen Reformen haben dazu geführt, dass das deutsche Gesundheitswesen sich mit seinen Determinanten der freien Marktwirtschaft annähert. Die Entwicklung in Richtung Gesundheitswirtschaft und Ökonomisierung ist eindeutig erkennbar. Um den neuen strukturellen und konzeptionellen Anforderungen begegnen zu können, müssen sich die freiberuflichen nichtärztlichen Heilmittelerbringer zwangsläufig mit Themen auseinandersetzten, die in der freien Marktwirtschaft schon immer zum Erhalt eines Unternehmens notwendig waren und sind.

4 Spezialisierung, Diversifizierung, Kooperation als Möglichkeit zur Stabilisierung und Stärkung der freiberuflichen nichtärztlichen Heilmittelerbringer am Gesundheitsmarkt

Die Entwicklung einer neuen Unternehmensidentität, mit einer auf die Besonderheiten der Einrichtung abgestimmten Strategieentwicklung, scheint für die freiberuflichen nichtärztlichen Heilmittelerbringer erforderlich, um langfristig auf dem Gesundheitsmarkt bestehen zu können (vgl. Nagel 2009:1). Spezialisierung, Diversifizierung und Kooperation sind strategische Instrumente, die in Unternehmen als Erfolgsstrategien kontrovers diskutiert werden.

Die Spezialisierungstheorie basiert auf der Annahme, dass die wachsende Komplexität der Welt nur mit einer Spezialisierung zu bewältigen ist (vgl. Friedrich 2007: 15). Friedrich (2007: 16) sieht für kleine und mittlere Unternehmen sowie für Freiberufler die Spezialisierung als ideale Strategie, um langfristig im Wettbewerb bestehen zu können.

Ansoff war 1957 der erste, der die Diversifikation als Wachstumsstrategie untersuchte. Es folgten Chandler (1962), Wrigley (1970) und Rumelt (1974) (vgl. Szeless 2001: 7-9). 2001 widmete sich Szeless im Rahmen seiner Dissertation der empirischen Analyse von Diversifikation und Unternehmenserfolg, auf deren Ergebnis sich diese Arbeit vornehmlich bezieht.

Durch das seit dem 01.01.2004 gültige Gesetz zur Integrierten Versorgung nach §140 a-d SGB V, haben sich die Möglichkeiten zur Ausgestaltung der Verträge zwischen den Krankenkassen und den Leistungserbringern im deutschen Gesundheitswesen verändert. Der Weg zu neuen Organisationsformen wurde dadurch bereitet. Eine aktuell diskutierte und favorisierte Zukunftsvariante, gerade im Bezug zu den Kosten- und Finanzierungsproblemen der Einrichtungen auf dem Gesundheitsmarkt, ist das strategische Instrument der Kooperation (vgl. Pflügel 2008: 6-7).

In den folgenden Kapiteln sollen die drei Theorien auf die Möglichkeit zur Stabilisierung und Stärkung der freiberuflichen nichtärztlichen Heilmittelerbringer am Gesundheitsmarkt geprüft werden.

4.1 Spezialisierung

Die Strategieberaterin Dr. Kerstin Friedrich begleitet Unternehmen und Selbstständige bei Spezialisierungs- und Diversifikationsprozessen. Die Spezialisierung ist aus ihrer Sicht die ideale Strategie für Selbstständige und Freiberufler, die unter einem starken Wettbewerbsdruck stehen. *„Spezialisten wecken Erwartungen hoher Kompetenz und besitzen darum schon von ganz allein eine hohe Anziehungskraft. ...Kunden lieben Spezialisten, denn von diesen erwarten sie die besten Problemlösungen"* (Friedrich 2007: 17). Spezialisierung hilft Kunden zu gewinnen und zu binden. Einen weiteren Vorteil der Spezialisierung sieht Friedrich in der Vereinfachung der internen Prozessabläufe, da Spezialisten sich auf ein kleines Marktsegment konzentrieren können. Das Lernfeld ist klar begrenzt, die Lerngewinne bauen systematisch aufeinander auf und innerhalb kurzer Zeit kann tiefes Wissen erworben werden. Basierend auf diesen Wissenserwerb ist es möglich, zukünftige Unternehmensbedrohungen sehr viel früher zu erkennen, rechtzeitig gegenzusteuern. Friedrich betont, dass durch Spezialisierung eine „schlanke" Organisationsstruktur möglich ist, die zu einer Reduzierung der Grenzkosten führen kann. Auch die Autoren Görzig et al. (2007) berichten anhand von empirischen Untersuchungen, dass die Mehrzahl der Unternehmen im verarbeitenden Gewerbe in Deutschland eine Spezialisierungsstrategie verfolgt und dadurch den operativen Gewinn steigern.

Friedrich beschreibt anhand der drei Spezialisierungsrichtungen,

> ➢ Primärspezialisierung,
> ➢ Problemspezialisierung und
> ➢ Zielgruppenspezialisierung,

wie Unternehmen sich spezialisieren können.

4.1.1 Primärspezialisierung

Bei der Primärspezialisierung handelt es sich um eine Spezialisierung auf ein oder wenige Produkte, Rohstoffe, Techniken, eine besondere Dienstleistung oder spezielles Wissen. Sie baut auf Engpässe (Bedürfnisse, die von anderen Anbietern nicht erfüllt werden können), vereinfachte Organisation und auf Masse. Als Beispiel führt die Autorin des Buches das Unternehmen ALDI an, das von der Multiplizierbarkeit des Konzeptes und den stark reglementierten Arbeitsabläufen lebt. Durch diese Strategie ist es dem ALDI-Konzern möglich, Produkte auf einem niedrigen Preisniveau (Engpass) anzubieten. Friedrich betont, dass sich diese Art der Spezialisierung immer dann anbietet, wenn der Preis der größte Nachfrage-Engpass ist.

4.1.2 Problemspezialisierung

Spezialisten lösen die Probleme ihrer Kunden. *„Überall dort, wo sich die Problemlösungen in nichts von anderen unterscheiden, wird der Wettbewerb über den Preis ausgetragen"* (Friedrich 2007: 76). Der Problemspezialist konzentriert sich auf Wünsche, Probleme, Bedürfnisse potenzieller Kunden. Er bietet Lösungen an, so dass der Wettbewerb nicht über den Preis stattfinden muss. Als Beispiel führt die Autorin einen Bauunternehmer an, der sich auf die riskante Bebauung von Baulücken spezialisiert hat. Durch systematisch aufeinander aufbauende Lerngewinne und die Anschaffung besonderer Gerätschaften ist es ihm möglich, die Aufträge souverän auszuführen. Von den zyklischen Schwankungen des Baugeschäfts ist er kaum betroffen.

4.1.3 Zielgruppenspezialisierung

Die Zielgruppenspezialisierung umfasst die Ausrichtung auf ein Problem, sowie die Fokussierung auf eine speziell ausgewählte Zielgruppe. Ist eine Zielgruppe genau definiert, ist es wesentlich leichter die Probleme dieser zu erkennen und Lösungen zu erarbeiten. Die Zielgruppenspezialisierung bietet sich besonders an, wenn der Markt zu groß ist, um ihn mit den vorhandenen Kapazitäten erfolgreich zu bearbeiten. Den Vorteil der Zielgruppenspezialisten sieht Friedrich in der engen Kundenbindung, da Kaufentscheidungen von emotionalen Faktoren abhängig sind. Friedrich betont, dass die Zielgruppenspezialisierung sich hervorragend für kleine und mittelständische Unternehmen eignet. Durch diese Art der Marktsegmentierung ist es ihnen möglich, sich aus dem Wettbewerb der großen Anbieter loszulösen. Als Beispiel erwähnt Friedrich den ersten Reisekatalog für Alleinreisende oder Baumärkte, die sich stärker auf Frauen ausrichten.

4.1.4 Chancen und Risiken der Spezialisierung

Spezialisierung im Gesundheitswesen – gewiss nicht neu. So gibt es lange schon Chirurgen, die sich auf Hand-OP's spezialisiert haben, ganze Kliniken, die sich der kosmetischen „Wiederherstellung" von Unfallopfern widmen und Reha-Kliniken deren Ziel es ist, das Gewicht ihrer Patienten zu reduzieren. Problem- und Zielgruppenspezialisierung wird hier schon seit geraumer Zeit gelebt. Auch die freiberuflichen nichtärztlichen Heilmittelerbringer sind Spezialisten in ihrem Wissensbereich. Der Physiotherapeut verfügt über umfangreiches Wissen zu Menschen mit motorischen Defiziten und ist in der Lage ihnen gezielt zu helfen. Ebenso die Logopäden, die zielgerichtet Kommunikationsstörungen erkennen und behandeln können. Was meint also der Deutsche Berufsverband für Logopädie mit der Empfehlung, sich in der Logopädie zu spezialisieren?

Neue wissenschaftliche Erkenntnisse sorgen für eine große Dynamik. Aktuelles Wissen kann morgen schon überholt sein. Die einst eingegrenzten Wissensgebiete gewinnen dadurch an Umfang. So sind z. B. die Logopäden spezialisiert auf dem

Gebiet der Kommunikationsstörungen, doch ist es mittlerweile kaum noch möglich, Spezialist für **alle** Arten von Sprach-, Sprech-, Stimm- und Schluckstörungen zu sein. Hier setzt der Berufsverband für Logopädie mit seiner Empfehlung an.

Ist eine Spezialisierungsnische gefunden, so kann die Wettbewerbsposition über das Alleinstellungsmerkmal der Spezialisierung gestärkt und der Patientenstamm erweitert werden.

Eine Spezialisierung der Freiberufler, auf bestimmte Wissensgebiete ihrer Fachrichtung, hat eine positive Auswirkung auf alle involvierten Akteure, da die Behandlungen effektiver und somit effizienter durchgeführt werden können.

Die Spezialisierung kommt dem unter Therapeuten weit verbreiteten vorrangigen Ziel entgegen, die eigene Arbeitsmotivation durch Qualifikation zu steigern (vgl. Walkenhorst, Klemme 2008: 190).

Die Ausgrenzung der nichtärztlichen Heilmittel aus dem Leistungskatalog der Krankenkassen wird immer wieder neu diskutiert (vgl. Höppner 2007: 32). Berufspolitisch betrachtet, unterstützt die Spezialisierung die langfristige Verortung der Leistungen im Heilmittelkatalog, da nachweislich nicht effektive Behandlungsmethoden aus dem Heilmittelkatalog der Krankenkassen entfernt werden.

Greift man noch einmal auf Friedrich zurück, ist das Ziel der Spezialisierung Kunden zu gewinnen, Kunden zu binden und sich durch Alleinstellungsmerkmale von Mitanbietern auf dem Markt abzuheben. Der Kundenbegriff umfasst die Menschen, die nach einer Problemlösung suchen und bereit sind, dafür die erforderlichen Kosten zu tragen. *Doch wer ist der Kunde der freiberuflichen nichtärztlichen Heilmittelerbringer? Wer ist bereit, die Spezialisten angemessen für ihre Leistungen zu entlohnen?*

Den Kundenbegriff der freien Marktwirtschaft auf das deutsche Gesundheitssystem zu übertragen erweist sich als äußerst schwierig. Wie in Kapitel 1.3 bereits erwähnt, übernehmen die Krankenkassen die Vergütung der Leistungen am Patienten. Sind also die Krankenkassen die Kunden der freiberuflich nichtärztlichen Heilmittelerbringer, die eine ausreichende (entspricht der Zeugnisnote 4), zweckmäßige Behandlung ihrer Mitglieder wünschen und dementsprechend, im Rahmen ihrer Spielräume (§71 Abs. 3 SGB V), vergüten? Oder ist der überweisende Arzt der Kunde, der die Nöte seiner Patienten ernst nimmt, sie an einen freiberuflich nichtärztlichen Heilmittelerbringer verweist und ein großes Interesse daran hat, dass seine Patienten im Rahmen seines Budget schnell und erfolgreich behandelt werden? Oder sind es die Patienten? Sie wünschen sich einen schnellen Zugang zu einer auf sie abgestimmten optimalen Behandlung, deren Kosten die Krankenversicherung übernimmt. Unter den Angehörigen der therapeutischen Berufe ist es durchaus üblich den Patienten als ihren Kunden zu betrachten, ist **er** es doch, der das Behandlungsergebnis intensiv mit dem Behandler kommuniziert, evtl. die Fachkompetenz in Frage stellt.

Aufgrund der unklaren Kundendefinition gestaltet sich eine einkommensstabilisierende „Spezialisierungsnischenfindung" schwierig.

In der freien Marktwirtschaft haben laut Friedrich die spezialisierten Unternehmen aufgrund ihres Alleinstellungsmerkmales die Macht, ihre Arbeitsbedingungen und den Preis selbst zu bestimmen. Aufgrund der Position der freiberuflichen nichtärztlichen Heilmittelerbringer im deutschen Gesundheitssystem bedingt eine Spezialisierung hier keine Machtverschiebung. Die Abhängigkeit vom ärztlichen Budget und die Bindung des Honorars an die Grundlohnsummensteigerung hat trotz Spezialisierung weiterhin Bestand. Die fachliche Spezialisierung selbst ist kostspielig und es entstehen Folgekosten wie z. B. Personalkosten. Die Höhe der Vergütung wird durch die Spezialisierung entweder, wie z. B. bei den Logopäden gar nicht oder wie z. B. bei den Physiotherapeuten nur gering beeinflussbar.

Eine Spezialisierung in den Einrichtungen der freiberuflichen nichtärztlichen Heilmittelerbringer ist stets gebunden an das Wissen von Individuen. Wenn es sich **nicht** um eine Einzelpraxis handelt, ist der Praxisinhaber gleichzeitig Arbeitgeber. Als Führungskraft, Arbeitgeber, Sachbearbeiter und Therapeut in Personalunion bleibt dem Praxisinhaber selbst wenig Raum, sich in einem therapeutischen

Wissensgebiet zu spezialisieren. Durch Personalveränderungen ist das Risiko des plötzlichen Verlustes des Alleinstellungsmerkmales groß.

Friedrich betont in ihren Ausführungen zur Spezialisierung, dass bei einer richtigen Spezialsierung keine Gefahr für das Unternehmen aufgrund der Einseitigkeit des Angebotes droht. Die freiberuflichen nichtärztlichen Heilmittelerbringer wirken in einem System, dass sich zurzeit in einem für sie noch unüberschaubaren und wenig beeinflussbaren Umbruch befindet. Die Aussage von Friedrich ist daher für die nichtärztlichen Freiberufler kritisch zu hinterfragen. Eine Spezialisierung auf eine bestimmte Therapieform oder auf ein bestimmtes Störungsbild stellt eine Einseitigkeit der Existenzgrundlage dar. Nicht kalkulierbare Einflüsse von außen wie z. B. Gesetzesänderungen können schnell zu einer Existenzbedrohung führen.

4.1.5 Auswirkungen einer Spezialisierung auf das Praxismanagement einer freiberuflichen nichtärztlichen Einrichtung im deutschen Gesundheitswesen

Grundsätzlich müssen bei unternehmensstrategischen Veränderungen, neben der Entwicklung strategischer Programme, die organisatorischen Gegebenheiten und Anforderungen sowie die Humanressourcen berücksichtigt werden (vgl. Schreyögg, Koch 2010: 75). Im strategischen Programm wird konkretisiert, welche Maßnahmen von den einzelnen Funktionsbereichen ergriffen werden müssen, damit die geplante Strategie umgesetzt werden kann (vgl. Schreyögg, Koch 2010: 75). In der Programmentwicklung wird nicht alles betriebliche Handeln sondern nur die Maßnahmen fixiert, *„...die für den Erfolg der geplanten Strategie kritisch sind"* (Schreyögg, Koch 2010: 124). Diesem Schema folgend, werden in dieser Arbeit die Auswirkungen auf das Praxismanagement, bei den umzusetzenden Strategien, nur auf die für den Erfolg kritischen Maßnahmen und die informelle Struktur der Einrichtungen reduziert. Dies erfolgt jedoch stets mit dem Bewusstsein darum, dass jede Veränderung der Geschäftslogik sehr viel tiefer gehende, die gesamte Einrichtung betreffende Veränderungsprozesse bewirkt (vgl. Baum 2009: 20-21).

Wählt der freiberufliche nichtärztliche Heilmittelerbringer das strategische Instrument der Spezialisierung, so ist er zunächst gehalten eine intensive Marktanalyse sowie eine Stärken- Schwächenanalyse durchzuführen. Wurde eine „Spezialisierungsnische" gefunden, ist neben dem Führungs- und Finanzmanagement das Personalmanagement besonders gefordert. Ein gut durchdachtes Personalentwicklungs-Portfolio muss erstellt werden, um das oben erwähnte Risiko, den Verlust des Alleinstellungsmerkmales durch Personalfluktuation, zu reduzieren. Ebenso gefordert wie das Personalmanagement ist das Marketing. Zielgerichtet muss mit dem entsprechenden Marketing-Mix darauf hingearbeitet werden, alle Stakeholder der Einrichtung über die Spezialisierung und deren, für sie positiven Aspekte zu informieren. Aufgrund der einseitigen Existenzgrundlage besitzt die kontinuierliche, intensive Beobachtung des Makroumfeldes der Einrichtung hohe Priorität.

4.2 Diversifizierung

Bei der Diversifizierung handelt es sich um die Eröffnung neuer Geschäftsfelder, die außerhalb des bisherigen Tätigkeitsbereiches liegen und sich vom eigentlichen Kerngeschäft der Unternehmung unterscheiden. Die Stärkung der Wettbewerbsfähigkeit und die Steigerung des Unternehmenswertes gelten als Motive für eine Diversifikation. Seit rund 4 Jahrzehnten sind Wissenschaftler der Strategielehre, Organisationslehre, der Finanztheorie und der Industrieökonomik damit beschäftigt den Zusammenhang zwischen Diversifikation und Unternehmenserfolg empirisch zu untersuchen (vgl. Szeless 2001: 30).

4.2.1 Diversifizierungstheorie

Diversifikations–Optionen werden unterschieden, zum einen nach dem Verwandtschaftsgrad mit dem ursprünglichen Geschäft und zum anderen nach der Stellung im Wertschöpfungsprozess. So wird bei einer Diversifikation in eindeutiger Nähe zum bisherigen Geschäft von einer „**verwandten Diversifikation**" oder im entgegengesetzten Fall, von einer „**unverbundenen Diversifikation**" gesprochen (Schreyögg, Koch 2010: 113). Wird in eine vor- oder nachgelagerten Wertschöpfungsstufe diversifiziert, so spricht man von einer vertikalen Diversifizierung. Die Erschließung neuer Geschäftsfelder der gleichen Wertschöpfungsstufe wird als horizontale Diversifizierung beschrieben (vgl. Schreyögg, Koch 2010: 114). Georg Szeless hat 2001 im Rahmen seiner Dissertation, zur Erlangung der Würde eines Doktors der Wirtschaftswissenschaften an der Universität St. Gallen, eine empirische Analyse zu dieser Thematik vorgelegt. Szeless kommt zu dem Ergebnis, dass diversifizierte Unternehmen, deren immaterielle Ressourcen eine Verbundenheit (Verwandtheit) aufweisen, einen durchschnittlich höheren Unternehmenserfolg erreichen können, als Unternehmen, deren immaterielle Ressourcen unverbunden sind. Die Diversifikationstheorie geht also davon aus, dass Unternehmen ihren Unternehmenserfolg steigern können, wenn sie mit immateriell verbundenen Ressourcen, in einem moderaten Maß, neue Geschäftsfelder und Produkte erschließen. Auch Schreyögg und Koch (2010: 112-114) beschreiben die Diversifizierung in einem engen Bezug zum angestammten Geschäft als vorteilhaft, da sich ein Synergiepotenzial aus der gemeinsamen Nutzung von Ressourcen bilden kann. In den folgenden Kapiteln soll die von Szeless zugrundegelegte Diversifizierungstheorie auf Grundlage der Ressourcentheorie näher beschrieben und deren mögliche Umsetzung für die freiberuflichen nichtärztlichen Heilmittelerbringer im deutschen Gesundheitssystem diskutiert werden.

4.2.2 Der ressourcentheoretische Ansatz

Die ressourcenorientierte Theorie betrachtet die Unternehmen als Einheiten, die versuchen über ihre Ressourcen oder Ressourcenkombinationen Durchschnittskosten zu mindern, um so Wettbewerbsvorteile zu sichern oder aufgrund überlegender Ressourcen eine Monopolstellungen zu erreichen (vgl. Szeless: 13-15). Ressourcen gelten als Handlungsmittel, die zum Erreichen von Zielen eingesetzt und nach materiell und immateriell differenziert werden. Während es sich bei den materiellen Ressourcen z. B. um Rohstoffe, Maschinen, Standorte oder auch finanzielle Mittel handelt, wird z. B. das Unternehmensimage, Patente oder das Know-how der Mitarbeiter als immaterielle Ressource bezeichnet (vgl. Moldaschl 2007: 20). Um Wettbewerbsvorteile zu erlangen besagt die Ressourcentheorie, dass die Ressourcen über bestimmte Eigenschaften wie Heterogenität, Relevanz, Knappheit, begrenzte Imitierbarkeit, begrenzte Mobilität und begrenzte Substituierbarkeit verfügen müssen (vgl. Szeless 2001: 15-20).

> **Heterogenität** bezeichnet die Unterschiedlichkeit der Ressourcen eines Unternehmens im Vergleich zu anderen Unternehmen (vgl. Szeless 2001: 16).

> **Relevante** Ressourcen sind Ressourcen, die die Effizienz und Effektivität eines Unternehmens erhöhen können (vgl. Szeless 2001: 16).

> **Knappheit** liegt dann vor, wenn eine Ressource Mitanbietern nicht im gleichen Maß zur Verfügung steht (vgl. Szeless 2001: 16).

> Um **begrenzte Imitierbarkeit** handelt es sich z. B., wenn Ressourcen über einen langen Zeitraum aufgebaut wurden, sozial umfangreich sind, so dass andere Anbieter eine Imitation in kurzer Zeit nur unter immensen Aufwand erreichen können. Begrenzte Imitierbarkeit liegt auch dann vor, wenn die Ressource kausal unverstanden ist. Kausal unverstanden meint, dass sich ein spezieller Wirkungskreis zwar herstellen lässt, die Bezüge jedoch nicht geklärt sind. Schreyögg und Koch nennen hier Beispiele wie das Kunsthandwerk oder

Beratungsleistungen. Diese Ressourcen können nicht auf einem Markt erworben werden (vgl. Schreyögg, Koch 2010: 94-95).

> **Begrenzte Mobilität** beinhaltet eine eingeschränkte Handelbarkeit. Hierbei sind die Ressourcen so unternehmensspezifisch, dass sie außerhalb des bestimmten Unternehmens keinerlei Wert haben (vgl. Szeless 2001: 19)[4]

> **Begrenzte Substituierbarkeit** beschreibt eine Ressource, die nicht durch eine andere Ressource austauschbar ist (vgl. Schreyögg, Koch 2010: 94)

„Diversifizierung wird als sinnvoll angesehen, wenn strategisch wertvolle Ressourcen eines Unternehmens verschiedenen Geschäftsfeldern zur Verfügung gestellt werden können." (Szeless 2001: 24)[5]

4.2.3 Chancen und Risiken der immateriell verbundenen Diversifizierungsstrategie für die freiberuflichen nichtärztlichen Heilmittelerbringer am Beispiel einer logopädischen Praxis

Der Deutsche Berufsverband für Logopädie empfiehlt seinen Mitgliedern, sich neben der klassischen Logopädie weitere Geschäftsfelder zu erschließen, sprich – zu diversifizieren. Da die Diversifikationstheorie besagt, dass eine immateriell verbundene Diversifizierungsstrategie die größte Aussicht auf Erfolg hat, gilt es zunächst einmal zu prüfen, ob die freiberuflichen Einrichtungen über strategisch wertvolle, immaterielle Ressourcen verfügen. Greift man auf die Definition von Moldaschl (2007: 20) zu immateriellen Ressourcen zurück, ist u. a. das besondere Know-how im Umgang mit den Patienten und das Wissen der freiberuflichen nichtärztlichen Heilmittelerbringer eine immaterielle Ressource. Aber besitzen diese Ressourcen die Eigenschaften Heterogenität, Relevanz, Knappheit, begrenzte Imitierbarkeit, begrenzte Mobilität und begrenzte Substituierbarkeit?

---

[4] Vgl. Dietrickx/Cool 1989; Williamson 1979
[5] Vgl. Collis/Montgomery 1998

Das Wissen der Einrichtungsbetreiber und deren Mitarbeiter besteht zum einen aus explizitem Fachwissen. Das explizite Fachwissen ist jedermann zugänglich, imitierbar und handelbar. Es entspricht demnach nicht den gewünschten Anforderungen einer besonders wertvollen Ressource. Zum anderen beruht es aber auch auf implizitem Wissen, das auf Erfahrungen und Intuition baut (vgl. Gerckens 2007: 9). Die Verbindung zwischen dem expliziten Fachwissen und dem impliziten Wissen, macht diese Ressource zu einer wertvollen Ressource. Implizites Wissen gekoppelt mit explizitem Wissen kann nicht auf einem Markt erworben werden, ist nicht austauschbar, steht Mitanbietern nicht im gleichen Maß zur Verfügung und ist eng mit der Einrichtung verbunden. So ist es für jede Praxis möglich auf eine, **für sie individuelle**, wertvolle, immaterielle Ressource zurückzugreifen, die sich von anderen Anbietern auf dem Gesundheitsmarkt unterscheidet.

Für eine erfolgreiche Diversifizierung ist die zweite Determinante die Verbundenheit. D. h., die freiberuflichen Praxisinhaber sollten in Geschäftsfelder diversifizieren, die ihrem Kerngeschäft nah stehen. Z. B. könnten die freiberuflichen Logopäden Präventivangebote schaffen, um Sprachstörungen zu reduzieren oder Stimmstörungen im Sprechberuf zu vermeiden. Hierbei handelt es sich um eine Diversifizierung auf den sogenannten zweiten Gesundheitsmarkt. Dieser ist gekennzeichnet durch privat finanzierte Produkte und Dienstleistungen rund um die Gesundheit (vgl. Goldschmidt, Hilbert 2009: 29). Bezugnehmend auf Goldschmidt und Hilbert (2009) sind viele Menschen bereit rund 27% mehr Geld für ihre Gesundheit zu investieren.

„Nach Berechnungen des Statistischen Bundesamtes beliefen sich die Kosten zur Behebung von Krankheiten im Jahre 2006 auf 236,0 Milliarden Euro" (Goldschmidt; Hilbert 2009: 30). 47% dieser Kosten entstanden durch Beeinträchtigungen älterer Menschen, die durch Präventionsmaßnahmen hätten reduziert werden können (vgl. Goldschmidt; Hilbert 2009: 30). Bräuniger und Rakau (2010: 20) kommen zu dem Ergebnis, dass der immer höhere Stellenwert der Prävention für günstige Perspektiven im ambulanten Bereich spricht. Die Chancen für die freibe-

ruflichen nichtärztlichen Heilmittelerbringer zu einer erfolgreichen Diversifizierung sind also durchaus positiv zu bewerten.

Das Zurückgreifen auf die bereits vorhandenen immateriellen Ressourcen ermöglicht es den freiberuflichen Praxisinhabern kostengünstig neue Geschäftsfelder, auf einem optionsreichen zweiten Gesundheitsmarkt zu erschließen.

Der Kunde wird bei einer Diversifizierung auf den zweiten Gesundheitsmarkt zu einer definierbaren Größe. Die Angebote können somit zielgerichtet auf die potenziellen Kunden zugeschnitten werden.

Die Existenzgrundlage ist breit angelegt, so dass bei Verlust eines Marktsegments die Existenz der Einrichtung nicht zwangsläufig bedroht ist.

Durch mehr Selbstbestimmung bei der Gestaltung der Angebote ist der Freiberufler flexibel und kann auf Veränderungen im Wettbewerb dynamisch reagieren.
Die Kombination aus den fest kalkulierbaren Einkommen auf dem ersten Gesundheitsmarkt und die unter ökonomischen Gesichtspunkten kalkulierten Preise für die Angebote auf dem zweiten Gesundheitsmarkt, eröffnet die Option auf eine Verbesserung der Einkommenssituation.

Weiterhin werden die Abhängigkeiten vom hierarchisch geprägten Gesundheitssystem durch eine Diversifizierung auf den zweiten Gesundheitsmarkt deutlich reduziert.

Im Rahmen ihrer Berufstätigkeit haben die Praxisinhaber niemals selbst Preise für ihre Angebote kalkulieren müssen. Möchten die Einrichtungsbetreiber auf den zweiten Gesundheitsmarkt diversifizieren, so sind sie gehalten, Konzepte für Angebote zu entwickeln, die dem Bedarf nach Angeboten ihrer Region entsprechen. Weiterhin muss für den Kunden ein gutes Kosten-Nutzenverhältnis sichtbar sein und dem Praxisinhaber ein angemessener Gewinn bleiben. Das Risiko einer Existenzbedrohung durch Fehlkalkulationen ist somit nicht zu unterschätzen.

4.2.4 Auswirkungen der immateriell verbundenen Diversifizierung auf das Praxismanagement der freiberuflichen nichtärztlichen Heilmittelerbringer

Für eine erfolgreiche Diversifizierung auf den zweiten Gesundheitsmarkt sind eine intensive Marktanalyse und eine Stärken- Schwächenanalyse der bestehenden Praxis erforderlich. Da sich die steuerrechtlichen und berufsrechtlichen Rahmenbedingungen bei einer Diversifizierung auf den zweiten Gesundheitsmarkt verändern, ist der Praxisinhaber gefordert sich intensiv mit deren Auswirkungen auseinanderzusetzen. Neue Aufgaben und Arbeitsteilungen bewirken, dass das Personalmanagement im Rahmen der Personalentwicklung eine Balance finden muss zwischen der weiterhin geforderten Professionalisierung bei der Behandlung der Patienten und der durch die Diversifizierung erforderlichen Weiterbildung in fachfremde Bereiche (vgl. Lohmeier 2010: 31). Weiterhin muss das Personalmanagement Sorge tragen, dass die vorhandenen Mitarbeiter frühzeitig auf die neuen Anforderungen vorbereitet werden. In Projekten sollten die Konzepte neuer Angebote entwickelt und im Rahmen des Finanzmanagements, unter ökonomischen Aspekten, geprüft werden. In der Zeit der Konzeptentwicklung ist das Management zur Koordinierung der Aufgaben stark gefordert. Hier besteht die Hauptaufgabe, die Umsatzverluste, die durch die Freistellung der Mitarbeiter von ihren therapeutischen Leistungen am Patienten zur Konzeptentwicklung eintreten, durch eine optimale Aufgabenkoordinierung so gering wie möglich zu halten. Eine Diversifizierung stellt für das Praxismanagement eine große Herausforderung dar, da die Veränderungen in den Prozessen auf allen Ebenen sehr umfangreich sind.

4.3 Kooperation

Bei einer Kooperation handelt es sich um einen vertraglich geregelten Zusammenschluss von selbstständigen Unternehmen (vgl. Baum 2009: 10). Im Vordergrund steht hier überwiegend die gemeinsame Nutzung von immateriellen und materiellen Ressourcen zur Reduzierung von Kosten. Im Gesundheitswesen wird das Thema der Kooperation aktuell vor dem Hintergrund der ganzheitlichen Patientenorientierung diskutiert (vgl. Pflügel 2008: 66).

4.3.1 Kooperationstheorie

Die Kooperationstheorie unterscheidet vier Kooperationsformen:
- Vertikale Kooperation
- Horizontale Kooperation
- Diagonale Kooperation
- Regionale Kooperation

Bei einer vertikalen Kooperation handelt es sich um einen Zusammenschluss einer nacheinander folgenden Wertschöpfungskette, wie z. B. eine Kooperation zwischen Unternehmen und Lieferant. Im Gesundheitswesen denkbar wäre hier die Kooperation zwischen dem überweisenden Arzt und dem freiberuflichen nichtärztlichen Heilmittelerbringer.

Als horizontale Kooperation wird der Zusammenschluss von Unternehmen gleicher Branche und gleicher Wertschöpfungsstufe bezeichnet, wie z. B. eine ergotherapeutischen Praxisgemeinschaft oder der Zusammenschluss von Physiotherapeut, Ergotherapeut und Logopäde zu einem Therapiezentrum.

Diagonale Kooperationen sind Zusammenschlüsse zwischen Unternehmen, die in verschiedenen Branchen und Wertschöpfungsstufen tätig sind. Baum (2009: 10) nennt hier als Beispiel die Kooperation zwischen Banken und IT-Unternehmen. Im Bereich des Sozial- und Gesundheitswesens wäre hier als Beispiel die Kooperation zwischen einer heilpädagogischen Kindertagesstätte und einem freiberuflichen nichtärztlichen Heilmittelerbringer denkbar.

Bei einer regionalen Kooperation stehen die Know-how-Aneignung und der erwünschte Ansiedlungseffekt im Vordergrund (vgl. Baum 2009: 10).

4.3.2 Chancen und Risiken von Kooperationen für die freiberuflichen nichtärztlichen Heilmittelerbringer

Aufgrund der Thematik dieser Arbeit beschränkt sich die Diskussion um die Chancen und Risiken von Einrichtungszusammenschlüssen der freiberuflichen nichtärztlichen Heilmittelerbringer auf die vertikale, horizontale und diagonale Kooperation. Als strategisches Instrument zum langfristigen Erhalt einer bereits bestehenden Einrichtung spielt die regionale Kooperation eine untergeordnete Rolle, da dieses Instrument nur bei Praxisneugründung oder einem Standortwechsel relevant ist.

Abb. 3 zeigt eine graphische Darstellung der für die freiberuflichen nichtärztlichen Praxisbetreiber denkbaren Kooperationspartner und -ebenen im Sozial- und Gesundheitswesen.

Abb. 3:

Mögliche Kooperationspartner und –ebenen für die freiberuflichen nichtärztlichen Heilmittelerbringer im deutschen Sozial- und Gesundheitswesen

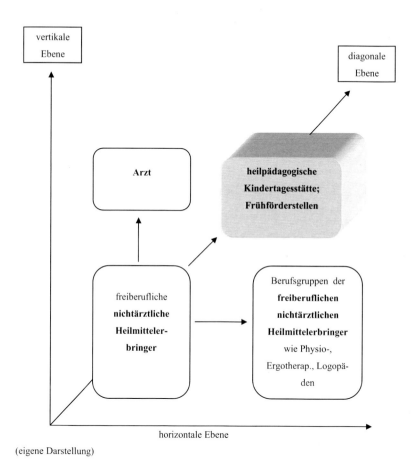

(eigene Darstellung)

Chancen und Risiken einer vertikalen Kooperation

Der Kooperationsvertrag zwischen dem überweisenden Arzt und dem freiberuflichen nichtärztlichen Heilmittelerbringer hätte für alle Akteure positive Aspekte. So könnte z. B. der Arzt an Einfluss auf die Fachkompetenz des Behandlers gewinnen. Für den Mediziner ist damit sichergestellt, dass seine präferierte, aber auch budgetierte Behandlungsmethode fachversiert zur Anwendung kommt.

Eine vertikale Kooperation im Gesundheitswesen ist patientenorientiert. Eine auf sie eng abgestimmte Behandlung erleben die Patienten positiv. Durch Mundpropaganda entstehen Wettbewerbsvorteile auf Seiten des Arztes und des freiberuflichen nichtärztlichen Heilmittelerbringers.

Die interdisziplinäre Zusammenarbeit bedingt durch den intensiven fachlichen Austausch eine Wissenserweiterung, die sich ebenfalls zu einem Wettbewerbsvorteil entwickeln lässt.

Die eingegrenzte Kundendefinition ermöglicht es dem freiberuflichen nichtärztlichen Heilmittelerbringer, zielgerichtet den gesamten Praxisablauf auf die Kundenbedürfnisse abzustimmen und Planungssicherheit zu gewinnen.

Bei der vertikalen Kooperation müssen Risiken berücksichtigt werden, die sich auf die Einrichtungen der Freiberufler negativ auswirken könnten. Die vertikale Kooperation zwischen dem Arzt und dem freiberuflichen nichtärztlichen Heilmittelerbringer ist hierarchischer Natur. Für den nichtärztlichen Heilmittelerbringer bedeutet daher die Anbindung an den überweisenden Arzt stets ein Verlust an Selbstbestimmung. Weiterhin ist aufgrund der Konkurrenzsituation unter den Medizinern, das Fernbleiben potentieller Patienten aus anderen Arztpraxen wahrscheinlich.

4.3.3 Chancen und Risiken der horizontalen Kooperation

Ein quantitativer Anstieg von Einrichtungen, deren Gründung auf Grundlage von Kooperationsverträgen zwischen den Behandlern der gleichen Hierarchieebene basiert, ist auf dem deutschen Gesundheitsmarkt schon seit geraumer Zeit zu verzeichnen. Wurden vor einigen Jahren noch überwiegend Kooperationsverträge zwischen den gleichen Behandlergruppen zu Praxisgemeinschaften geschlossen, so ist aufgrund der verschärften Wettbewerbslage derzeit ein Trend zu Kooperationsverträgen zwischen unterschiedlichen Berufsgruppen, den Therapiezentren für Ergo-, Physiotherapie und Logopädie, zu beobachten. Aufgrund der langjährigen Erfahrungen als Freiberuflerin und der berufspolitischen Tätigkeit im Rahmen eines Landesverbandes nichtärztlicher Heilmittelerbringer, kann die Autorin davon berichten, dass die vorrangigen Ziele einer horizontalen Kooperation zu einer Praxisgemeinschaft zunächst die Reduzierung der Betriebskosten und die Erhöhung der Arbeitsmotivation durch fachlichen Austausch waren. Bei einem Zusammenschluss zu einem Therapiezentrum steht, neben der Reduzierung der Betriebskosten und dem fachlichen Austausch, die Sicherung von Wettbewerbsvorteilen im Vordergrund. Diese Wettbewerbsvorteile erlangt ein Therapiezentrum aufgrund eines breit angelegten Behandlungsangebotes. Weiterhin ist aufgrund der kurzen Wege eine gute Voraussetzung geschaffen, die Termingestaltung patientenorientiert zu koordinieren. Dabei handelt es sich, gerade in Anbetracht des demographischen Wandels und der immer älter werdenden Bevölkerung, um ein kunden- und zukunftsorientiertes Angebot.

Zusammenfassend können die Vorteile einer horizontalen Kooperation wie folgt beschrieben werden:

- Reduzierung von Betriebskosten.
- Wissenserweiterung durch fachlichen Austausch
- Erhöhung der Arbeitsmotivation durch fachlichen Austausch
- Gewinnsteigerung durch die gemeinsamen Nutzung von Ressourcen
- die Erweiterung des potenziellen Patientenstammes
- kunden- und zukunftsorientiertes Angebot

Geht der Praxisinhaber eine horizontale Kooperation ein, so ist diese mit wechselseitigen Abhängigkeiten verbunden. Als Kooperationspartner eines Therapiezentrums ist er zwar weiterhin autonom in seinem therapeutischen Vorgehen, jedoch verliert er an Flexibilität in der Praxisführung. Nicht selten scheitern horizontale Kooperationen aufgrund von Abstimmungsschwierigkeiten z. B. in Bezug auf

Kommunikationsstrategien mit dem überweisenden Arzt oder Patienten und zur Urlaubsplanung. Insgesamt können die Risiken einer horizontalen Kooperation wie folgt benannt werden:

- Verringerung der Flexibilität
- Verantwortungserweiterung durch wechselseitige Abhängigkeiten
- erhöhtes Konfliktpotenzial bei der Zusammenführung unterschiedlicher Unternehmenskulturen

4.3.4 Chancen und Risiken der diagonalen Kooperation

Die diagonale Kooperation gewinnt gerade im Rahmen der integrierten Versorgung an Bedeutung. Eine interdisziplinäre Versorgungsstruktur ist erforderlich, um den Menschen mit umfangreichem Hilfebedarf eine angemessene Versorgung zu ermöglichen (vgl. Röttger-Liepmann 2009: 5). Eine Kooperation der freiberuflichen nichtärztlichen Heilmittelerbringer mit einer heilpädagogischen Kindertagesstätte würde eine, der im Rahmen der integrierten Versorgung geforderte, strukturelle Überwindung des sektorisierten Versorgungssystems darstellen. Die positiven Einflüsse auf alle beteiligten Akteure sind unumstritten.

Die Effektivität der Behandlung erhöht sich durch das Einfließen der Behandlungsinhalte in den Kindergartenalltag des Kindes mit Behinderung.

Durch die Erweiterung ihrer Angebotspalette gewinnt die heilpädagogische Einrichtung Wettbewerbsvorteile gegenüber anderen Anbietern auf dem „Sozialmarkt".

Ein kalkulierbarer Patientenstamm bietet für den freiberuflichen nichtärztlichen Heilmittelerbringer mehr Planungssicherheit.

Der intensive fachliche Austausch führt zu einer Wissenserweiterung, die wiederum als Wettbewerbsvorteil genutzt werden könnte.

Dem freiberuflichen nichtärztlichen Heilmittelerbringer eröffnen sich, durch die Überwindung der strukturellen Grenzen, Zugriffe auf Netzwerke fremder Systeme. Ein schneller Zugriff auf informelles Wissen aus fachfremden Bereichen sowie die eigene Präsenz im Netz, führt zu Wettbewerbsvorteilen.

Der Ansatz der interdisziplinären Zusammenarbeit ist kundenorientiert. Eltern erleben eine individuell gehaltene Behandlung ihres Kindes sowie die Abstimmung der Rahmenbedingungen auf ihr Kind als positiv. Für beide Einrichtungsbetreiber entstehen somit Wettbewerbsvorteile.

4.3.5 Kooperation und deren Einfluss auf das Praxismanagement der freiberuflichen nichtärztlichen Heilmittelerbringer

Die Kooperationsstrategie spielt in der Diskussion um die Möglichkeiten zur Stabilisierung der freiberuflichen nichtärztlichen Heilmittelerbringer eine gesonderte Rolle. Die Strategie der Kooperation bezieht sich mit ihren Inhalten auf bisher noch unklare zukünftige Strukturen im deutschen Gesundheitssystem. Die Entwicklung hin zu einer ganzheitlichen Patientenorientierung setzt Kooperationen zwischen den Leistungserbringern voraus. Für das Praxismanagement einer freiberuflichen nichtärztlichen Praxis sind Kooperationsvertragsabschlüsse zurzeit jedoch aufgrund der noch nicht aufeinander abgestimmter Systeme und Schnittstellenproblematiken äußerst schwierig. So bietet z. B. die im Rahmen dieser Arbeit beschriebene vertikale und diagonale Kooperation viele Vorteile für die Praxisinhaber. Die Umsetzung ist jedoch aufgrund von zurzeit noch widersprüchlichen gesetzlichen Regelungen schwer möglich. Das folgende Beispiel gewährt einen kleinen Einblick:

Die Zulassungsbedingungen nach Punkt 2.1.2 der gesetzlichen Krankenkassen fordern: *„Die Praxis muss in sich abgeschlossen und von anderen Praxen sowie* *privaten Wohn- und gewerblichen Bereichen räumlich getrennt sein"* (AOK 2011). Um diese Bestimmung zu erfüllen, müssten die Kooperationspartner einer vertikalen und diagonalen Kooperation räumlich getrennt voneinander agieren. Die Behandlung der Patienten außerhalb der zugelassenen Praxisräumlichkeiten ist aber den freiberuflichen nichtärztlichen Heilmittelerbringern untersagt. Nur in Ausnahmefällen darf der Arzt einen Hausbesuch verordnen. Nur dann darf der freiberufliche Heilmittelerbringer die Leistungen am Patienten, an einem anderen Ort durchführen. Dieser Umstand trägt dazu bei, dass die diagonale Kooperation mit einer heilpädagogischen Kindertagesstätte zurzeit noch an Bedeutung verliert.

Dieses Beispiel macht deutlich, dass sich die Erörterung der Einflüsse einer Kooperation auf das Praxismanagement an dieser Stelle nur auf eine horizontale Kooperation beziehen kann, da hier die rechtlichen Rahmenbedingungen in den Zulassungsbedingungen der gesetzlichen Krankenkassen eindeutig geregelt sind.

Eine langfristig ausgelegte, erfolgreiche Kooperation ist abhängig von der Wahl der/des Kooperationspartner/s. Eine umfangreiche Analyse des Mikro- und Makroumfeldes des potenziellen Kooperationspartners ist zwingend erforderlich. Die Vertragsbestandteile sollten gemeinsam erarbeitet und juristisch auf Rechtssicherheit geprüft sein. Das Zusammenführen von unterschiedlichen Unternehmenskulturen birgt großes Konfliktpotenzial auf allen Ebenen. Somit ist das Management um die Wissensverteilung gefordert aktuelles, informelles Wissen bereitzustellen sowie Raum und Zeit zum Austausch vorzuhalten (Gerckens 2009: 24).

5 Spezialisierung, Diversifizierung, Kooperation – drei zukunftsweisende Strategien zum langfristigen Erhalt der nichtärztlichen Heilmittelerbringer am Gesundheitsmarkt?

Die Bearbeitung der Spezialisierungs-, Diversifizierungs- und Kooperationstheorien, mit deren Chancen- und Risikoabwägung sowie die Berücksichtigung der erforderlichen Maßnahmen im strategischen Programm haben deutlich gezeigt, dass alle drei Strategien Möglichkeiten zur Stabilisierung der freiberuflichen nichtärztlichen Heilmittelerbringer bieten.

Doch welcher Strategie sollten die freiberuflichen nichtärztlichen Heilmittelerbringer folgen, um den langfristigen Erhalt ihrer Einrichtungen zu gewährleisten?

Um diese Frage zu beantworten, müssen die derzeitigen Probleme der Freiberufler zunächst noch einmal konkretisiert und die Strategien auf eine Problemlösung hin untersucht werden.

Die in Kapitel drei herausgearbeiteten Probleme der freiberuflichen nichtärztlichen Heilmittelerbringer lassen sich zu drei existenzgefährdenden Determinanten zusammenfassen:

- der verschärfte Wettbewerb
- die Einkommensverluste
- die Abhängigkeit von der Verortung der Leistungen im Heilmittelkatalog

Dementsprechend muss die präferierte Strategie Lösungen bereitstellen, die Optionen bieten:

- zur Verbesserung der Wettbewerbsposition
- zur Gewinnmaximierung
- zum Sicherheitsgewinn in der Existenzgrundlage

Um eine Praktikabilität zu gewährleisten, sollten außerdem die Auswirkungen auf das bestehende Praxismanagement bei Implementierung der Strategie realitätsnah bewältigt werden können.

5.1 Die Spezialisierungsstrategie und ihre Optionen zur Gewinnmaximierung, Existenzsicherung, Verbesserung der Wettbewerbsposition und praxisnahen Implementierung

Die Reduzierung der Argumentationskette auf die erforderlichen Aspekte zur Problemlösung der freiberuflichen nichtärztlichen Heilmittelerbringer zeigt auf, dass die Spezialisierung voraussichtlich nicht zu einer Verbesserung der Einkommenssituation der nichtärztlichen Freiberufler beitragen wird.

Durch die Verbesserung der Behandlungseffektivität ist ein positiver Einfluss auf die Verortung im Heilmittelkatalog und somit eine **indirekte** Sicherung der Existenzgrundlage möglich. **Direkt** ist jedoch die Existenzbasis bei einer Spezialisierung schmal angelegt und dadurch störungsanfällig.

Das Alleinstellungsmerkmal einer Spezialisierung lässt eine Verbesserung der Wettbewerbsposition erwarten.

Eine Spezialisierung auf eine bestimmte Behandlungsmethode oder auf ein bestimmtes Störungsbild hat einen hohen Realitätsbezug zum bestehenden Praxismanagement.

Dass es sich laut Friedrich bei der Spezialisierung um *„den einzig richtigen Weg"* handelt, *„...der dramatisch wachsenden Komplexität unserer Welt zu begegnen,....,,* (Friedrich 2007: 15) scheint für die Freiberufler im deutschen Gesundheitswesen fraglich.

5.2 Die Diversifizierungsstrategie und ihre Optionen zur Gewinnmaximierung, Existenzsicherung, Verbesserung der Wettbewerbsposition und praxisnahen Implementierung

Eine Diversifizierung auf den zweiten Gesundheitsmarkt setzt bereits nah an der Problemlösung der Freiberufler an. Die Aufbereitung der Chancen und Risiken einer immateriell verbundenen Diversifizierung hat gezeigt, dass ein zukunftsorientierter Markt vorhanden scheint.

Die Kombination der Einnahmequellen aus dem ersten und zweiten Gesundheitsmarkt lässt eine Gewinnmaximierung erwarten.

Eine breit angelegte Existenzbasis sowie die Reduzierung der Abhängigkeiten von der Verortung der Leistungen im Heilmittelkatalog haben einen positiven Einfluss auf eine langfristige Existenzsicherung.

Wettbewerbsvorteile könnten durch zielgerichtete Angebote zu einem klar definierten Kundenkreis entstehen.

Die herausgearbeiteten Einflüsse auf das Praxismanagement zeigen deutlich, dass bei einer immateriell verbundenen Diversifikation, aufgrund der umfangreichen Veränderungsprozesse, erheblicher Diskussionsbedarf vor Implementierung besteht. Bei einer Diversifizierung auf den zweiten Gesundheitsmarkt sind die Anforderungen, die auf die Persönlichkeitsstruktur des Praxisinhabers und auf das gesamte Praxismanagement einwirken, immens. Für den Freiberufler handelt sich dabei um ein unter Therapeuten oft „verpöntes" Bekenntnis zum Unternehmertum mit all seinen Bestimmungsgrößen. Viele von Ihnen finden sich mit ihrer Einstellung zum Gesundheitswesen und zu den Patienten in den Leitsätzen der Ärzteschaft, dem „Ulmer Papier" wieder:

„Im Bewusstsein, dass das Gesundheitswesen keine Gesundheitswirtschaft oder Industrie ist, dass Ärzte keine Kaufleute und Patienten keine Kunden sind, dass Gesundheit und Krankheit keine Waren und Wettbewerb und Marktwirtschaft

keine Heilmittel zur Lösung der Probleme des Gesundheitswesens sind, dass Diagnose und Therapie nicht zum Geschäftsgegenstand werden dürfen, beschließt der 111. Deutsche Ärztetag die gesundheitspolitischen Leitsätze der Ärzteschaft, das „Ulmer Papier" (Bundesärztekammer 2008).

Hier wird klar, die Abwehr der Heilmittelerbringer ist groß sich **mehr** als zuvor mit Managementinhalten, wie Marktanalyse, Marketingstrategien, Ökonomie, Finanzrecht usw. auseinanderzusetzen. Zudem verfügt das Gros der freiberuflichen nichtärztlichen Heilmittlerbringer nicht über diese Wissensressourcen, sind sie doch im Rahmen ihrer Ausbildung in erster Linie zu fachlich versierten Therapeuten herangewachsen. Auch die sehr zeit- und arbeitsintensive Entwicklung neuer Konzepte ist nicht zu unterschätzen. Die Verfolgung der Diversifikationsstrategie kann dementsprechend schnell zu einer Überforderung des bestehenden Praxismanagements führen.

5.3 Die Kooperationsstrategie und ihre Optionen zur Gewinnmaximierung, Existenzsicherung, Verbesserung der Wettbewerbsposition und praxisnahen Implementierung

Wie bereits erörtert muss die Strategie der Kooperation aufgrund der zurzeit scheinbar noch unüberwindbaren Rechtsunsicherheiten auf die Bewertungsaspekte der horizontalen Kooperation beschränkt werden.

Eine Gewinnmaximierung durch eine Reduzierung der Betriebskosten scheint möglich.

Die Basis zur Existenzsicherung bleibt im Vergleich zur Einzelpraxis unverändert. Weiterhin leistet die horizontale Kooperation keine Beiträge zur Reduzierung der Abhängigkeiten vom Gesundheitssystem.

Die Betrachtung des Patienten als Kunde lässt, bei einer Kooperation zwischen Ergo-, Physiotherapeuten und Logopäden zu einem Therapiezentrum, eine Verbesserung der Wettbewerbsposition erwarten.

Die Umsetzung einer Kooperation ist für das bestehende Praxismanagement anfänglich aufwendig, langfristig sind jedoch Routineabläufe möglich.

Voraussichtlich werden sich die heutigen Schnittstellenproblematiken und rechtlichen Widersprüche, des sich im Umbruch befindlichen Sozial- und Gesundheitswesen, langfristig reduzieren. Gerade im Rahmen der politisch anvisierten integrierten Versorgung, sollten die freiberuflichen nichtärztlichen Heilmittelerbringer die rechtlichen Möglichkeiten einer diagonalen und vertikalen Kooperation stets für sich neu prüfen. Die Pressesprecherin der Techniker Krankenkasse, Frau Dorothee Meusch drückt sich hierzu wie folgt aus: *„Gute Integrationsmodelle kommen nicht über Nacht zustande und die Weiterentwicklung der Versorgungslandschaft ist ein evolutionärer Prozess, keine Revolution"* (Meusch 2006: 247). Beachtenswert ist allerdings, dass diese Aussage 2006 getroffen wurde und die Möglichkeiten zur strukturellen Überwindung des sektorisierten Versorgungssystems heute - im Jahre 2011- immer noch für viele Akteure eine Hürde zu sein scheint.

Zur besseren Übersicht werden in der Tabelle 1 die unterschiedlichen Strategien und deren Einflussmöglichkeiten, zur Verbesserung der Wettbewerbsposition, zur Gewinnmaximierung, zum Sicherheitsgewinn in der Existenzgrundlage und zur Umsetzungspraktikabilität für das bestehende Praxismanagement, zum Vergleich tabellarisch aufgeführt.

Tabelle 1:

Gegenüberstellung der Strategien und deren Optionen zur Gewinnmaximierung, Existenzsicherung zur Verbesserung der Wettbewerbsposition und praxisnahen Implementierung

	Spezialisierung	Diversifizierung	horizontale Kooperation
Verbesserung der Wettbewerbsposition			
Alleinstellungsmerkmal	+	-	-
Kundenorientierung	-	+	+
Wissenserweiterung	+	-	-
Flexibilität	-	+	-
Synergieeffekte	+	+	+
Gewinnmaximierung			
Synergieeffekte	-	-	+
Flexibilität	-	+	-
Sicherheitsgewinn in der Existenzgrundlage			
Existenzbasis	schmal	breit	unverändert
Planungssicherheit	-	-	-
Flexibilität	-	+	-
Auswirkungen auf das bestehende Praxismanagement	große Nähe zum bestehenden Praxismanagement	umfangreiche Veränderungen auf allen Ebenen	Nähe zum bestehenden Praxismanagement

(+) Aspekt erfüllt;   (-) Aspekt nicht ausreichend oder gar nicht erfüllt

(eigene Darstellung)

6 Fazit

Ein rein quantitativer Vergleich unter den Möglichkeiten die die Spezialisierung, die immaterielle Diversifizierung und die Kooperationstheorie zur Stabilisierung der Freiberufler leisten, führt zu dem Ergebnis, dass die Diversifikationsstrategie die meisten Optionen zur Problemlösung der freiberuflichen nichtärztlichen Heilmittelerbringer bereitstellt. Sind folglich die eingangs beschriebenen Empfehlungen des deutschen Berufsverbandes für Logopädie demnach als falsch zu bewerten? Hier noch einmal zur Erinnerung:

> *„…die Entwicklung der Fallzahlen in einzelnen Störungsbereichen, zum Beispiel die aufgrund der demographischen Entwicklung zu erwartende Zunahme neurologisch bedingter Sprech- und Sprachstörungen bei Erwachsenen, sprechen für eine **Spezialisierung** in der Logopädie"* (vgl. dbl. ev. 2011)

> *„Seit mehreren Jahren schon empfiehlt der Deutsche Bundesverband der Logopäden seinen Mitgliedern, sich neben der klassischen logopädischen Diagnostik und Therapie **weitere berufliche Standbeine** zu erobern …"* (Bundesfreiberuflerkommission 2011: 46)

> *„Die **Kooperation** mit einem Praxisnetz leistet einen Beitrag zur Existenzsicherung"* (vgl. dbl. ev. 2011)

Wie so oft, wenn es um Individuen geht, müssen Erkenntnisse aus wissenschaftlichen Untersuchungen stets auf Grundlage der individuellen Gegebenheiten und Bedürfnisse geprüft werden, bevor eine Umsetzung folgen kann. Ein Praxisinhaber, der mit Leib und Seele Behandlungen am Patienten durchführt, wird seinem Verlangen nach Arbeitszufriedenheit niemals mit der Verfolgung der Diversifizierungsstrategie gerecht werden können. Vor diesem Hintergrund ist für ihn die Spezialisierung oder die weniger risikobeladene horizontale Kooperation eine eher zu präferierende Lösung.

Dieses Beispiel zeigt, dass alle herausgearbeiteten Chancen und Risiken auf Grundlage der Spezialisierungs-, Diversifizierungs- und Kooperationstheorie sowie die Auswirkungen auf das bestehende Praxismanagement, individuell auf ihre Bedeutung für die bestehende Praxis mit ihren dort tätigen Menschen hinterfragt werden muss. Es zeigt sich, dass die Strategieempfehlungen des Deutschen Bundesverbandes für Logopädie e. V. sich nicht als widersprüchlich erweisen, sondern bereits die Individualität der Freiberufler mit ihren auf sie abgestimmten Praxisbesonderheiten berücksichtigt.

7 Ausblick

In dieser Arbeit wurde aufgezeigt, dass eine Veränderung der Geschäftslogik für die nichtärztlichen Freiberufler erforderlich ist, um weiterhin am Gesundheitsmarkt bestehen zu können. Ob Spezialisierungs-, Diversifizierungs- oder Kooperationsstrategie - die Anforderungen an Kompetenzen und Qualifikationen der freiberuflichen nichtärztlichen Heilmittelerbringer steigen.

Die Berufsverbände der nichtärztlichen Heilmittelerbringer sehen in der Akademisierung der Gesundheitsfachberufe eine Möglichkeit zur Lösung der Kompetenzprobleme. Sie erhoffen sich durch die Akademisierung eine Loslösung von der ärztlichen Profession (vgl. Kälble 2008: 196). Eine eigenverantwortliche Patientenbetreuung, mit der Konzentration auf die Kernkompetenzen sowie mehr Selbstbestimmung und Flexibilität wären hiermit verbunden. Des Weiteren sollen die nichtärztlichen Heilmittelerbringer durch die Akademisierung die Fähigkeit erlangen, neue Behandlungskonzepte zu erstellen und somit einen Beitrag zur Qualitätssicherung im Gesundheitswesen leisten (vgl. Höppner 2007: 28).

Prof. Dr. Heidi Höppner, erste Vorsitzende der Fachhochschule Kiel, Fachbereich Physiotherapie, berichtet in der Schriftreihe zur Gesundheitsanalyse im Rahmen des GEK- Heil- und Hilfsmittelreports 2007, dass durch den im Juli 2007 gefassten Beschluss der Gesundheitsminister der Länder – der Gesetzgeber aufgefordert wurde, für die Gesundheitsfachberufe eine Öffnung für andere Wege der Professionalisierung zuzulassen. So wurden bereits erste Studienmöglichkeiten für die nichtärztlichen Heilmittelerbringer geschaffen. *„Mit grundständigen, dualen oder Weiterbildungsstudiengängen zeigt sich aktuell eine große organisatorische Vielfalt"*, so Höppner (2007: 31). Die Studienprogramme zielen auf eine verbesserte professionelle Handlungsfähigkeit, deren Inhalte sich auf eine Verbesserung der Fach-, Management-, Forschungs- und Sozialkompetenz beziehen (vgl. Höppner 2007: 28). *„Der künftige Bedarf der gesundheitlichen Versorgung der Bevölkerung kann nur mit einer Akademisierung und einem intelligenten Transfer von Theorie und Praxis erfolgen"* (Heidi Höppner: 36).

Folgt man jedoch den Ausführungen von Kälble (vgl. 2008: 195-212) und Wallenhorst, Klemme (vgl. 2008: 179-194) zur Akademisierung der Gesundheitsfachberufe, zeigt sich, dass die Erwartungen der Berufsverbände zurzeit nicht erfüllt werden. Aufgrund der bundesrechtlichen Berufsregelung haben die neuen Studiengänge zurzeit eher einen Weiterbildungscharakter (vgl. Kälble 2008: 198). Zu Beginn des Studiums verfügen die Studierenden bereits über ein großes Potenzial an praktischem Wissen, dass sie im Rahmen ihrer Ausbildung und ggf. durch Berufserfahrungen erworben haben (vgl. Wallenhorst, Klemme 2008: 189). *„Das Studium ermöglicht eine gezielte theoretische Reflexion und wissenschaftliche Verortung der praktischen Handlungskompetenz"* (Walkenhorst, Klemme 2008: 189). Zurzeit gibt es jedoch noch keine konkreten Aufgabenbereiche der akademisch ausgebildeten Therapeuten. Einige von ihnen gehen zurück in die Praxis oder übernehmen Leitungsaufgaben (vgl. Walkenhorst, Klemme 2008: 189). *„Der neue Aufgabenbereich geht nicht zwingend mit einer entsprechenden Entlohnung einher,...*(Walkenhorst, Klemme 2008: 189).

Dieses Beispiel der Umsetzung von der Theorie auf die Praxis zeigt, dass die Akademisierung der Gesundheitsfachberufe noch in den Kinderschuhen steckt. Als nächster Forschungsschritt bietet sich daher die Frage an, ob die Akademisierung der freiberuflichen nichtärztlichen Heilmittelerbringer einen Beitrag zum langfristigen Erhalt der Einrichtungen auf dem Gesundheitsmarkt leisten kann. Denn klar ist:

Möchten sich die freiberuflichen nichtärztlichen Heilmittelerbringer im deutschen Gesundheitswesen behaupten, müssen sie in der Lage sein, die Effektivität ihrer Behandlungen am Patienten nachzuweisen und ihre Einrichtungen auf Grundlage von Managementwissen fach- und sozialkompetent zu führen.

Literaturnachweis

Alerion Health Care (o. J.): Ein Markt als Dreiecksbeziehung. Online in Internet: „URL: http://www.alhc.de/brd2.html [Stand: 12.04.2011]

AOK Bremen (2009): Zulasssungsbedingungen der Stimm-, Sprech- und Sprachtherapie. Online in Internet: „URL: http://www.aok-gesundheitspartner.de/hb/heilberufe/zulassung [Stand: 26.03.2011"]

AOK (2010): Zulassungsbedingungen von Leistungen von Heilmitteln. Praxisausstattung S.11. Online in Internet: „URL: http://www.aok-gesundheitspartner.de/imperia/md/gpp/bund/heilberufe/zulassung/bv_heil_zulassungsempfehlung_18_10_2010.pdf [Stand: 26.03.2011]"

Baum, B. (2009): Organisationsmanagement, Studienbrief 3: Öffnung und Veränderung von Organisationen. Studienbrief der Hamburger Fern-Hochschule

Bräuninger, D. ; Rakau, O. (2010): Gesundheitswirtschaft im Aufwind. Online in Internet: „URL: http://www.dbresearch.de/PROD/DBR_INTERNET_DE-PROD/PROD0000000000257140.pdf [Stand: 26.03.2011]"

Bundesärztekammer (2008): Ulmer Papier . Online in Internet: „URL: http://www.bundesaerztekammer.de/downloads/UlmerPapierDAET111.pdf [Stand: 26.03.2011]"

Bundesfreiberuflerkommission , O. V. (2011): Im Gespräch: Tanja Jahn und Uta Claussen-Wätzel, Interviewreihe der Bundesfreiberuflerkommission über neue Perspektiven logopädischer Berufspraxis. In: Forum Logopädie 25/1: 46 - 47

Bundesministerium für Gesundheit (2011) : Gesundheitsfond. Online in Internet: „URL: http://www.bmg.bund.de/krankenversicherung/finanzierung/finanzierungsgrundlagen-der-gkv.html [Stand : 21.02.2011]"

Bundessministerium für Gesundheit (2011): Statistik Grundlohnrate. Online in Internet: „URL: http://www.bmg.bund.de/krankenversicherung/zahlen-und-fakten-zur-krankenversicherung.html [Stand 23.03.2011]"

dbl e. v. (2006): Was sind Heilmittelrichtlinien und Richtgrößen? Online in Internet: „URL: http://www.dbl-ev.de/fileadmin/media/meldungen/hessen/hmr_und_richtgroessen.pdf [Stand: 26.03.2011]"

dbl e. v. (2011): Mitgliederstatistik. Online in Internet: „URL: http://www.dbl-ev.de/index.php?id=10 [Stand: 07.04.2011]"

dbl e. v. (2011): Fragen und Antworten. Ist es wichtig, sich als Logopädin zu spezialisieren? Online in Internet: „URL: http://www.dbl-ev.de/index.php?id=829 [Stand: 21.02.2011]".

dbl e.v. (2011): Neue Versorgungsformen. Online in Internet: „URL: http://www.dbl-ev.de/fileadmin/media/Gremien/050915faq_iv.pdf [Stand: 21.02.2011]".

dbl e. v. (2011): Freiberuflerentwicklung. Online in Internet: „URL: http://www.dbl-ev.de/fileadmin/media/der_verband/mitgliederstatistik/stat_freiberuflerent.pdf [Stand: 26.03.2011]"

dbl Landesverband SH (2011): Aktuelle Mitgliederinformationen vom 05.01.2011 zu den Richtgrößen 2011. Rundschreiben per Email

Deutscher Verband für Physiotherapeuten e. V.: Online in Internet: „URL: http://www.zvk.org/s/content.php?area=650&sub=742 [Stand: 26.03.2011]"

Evans, M.; Schalk, C. (2008): Gesundheitsqualifikationen vor der Reifeprüfung. Online in Internet: „URL: http://www.iatge.de/aktuell/veroeff/jahrbuch/jahrb07/iat-jahrbuch2007.pdf , S. 25 [Stand: 26.03.2011]"

Friedrich, K. (2007) Erfolg durch Spezialisierung, 2. Auflage, Heidelberg: Redline Wirtschaft

Gerckens , R. (2007): Umgang mit Medien und Wissen, Studienbrief 2: Wissen in Organisationen. Studienbrief der Hamburger Fern- Hochschule

Gesundheitsbericht für Deutschland (1998). Online in Internet: „URL: http://www.gbe-bund.de/gbe10/abrechnung.prc_abr_test_logon?p_uid=gastg&p_aid=&p_knoten=FID&p_sprache=D&p_suchstring=1124::multiprofessionellPraxen nichtärztlicher medizinischer Berufe [Stand: 26.03.2011]"

Görzig, B. ; Gornig, M.; Pohlet, R. : (2007) : Spezialisierung und Unternehmenserfolg im verarbeitenden Gewerbe Deutschlands. Abstract. Online in Internet: „URL: http://ideas.repec.org/a/diw/diwvjh/76-3-5.html [Stand: 07.04.2011]"

Goldschmidt, A. J. W.; Hilbert, J. (2009): Gesundheitswirtschaft in Deutschland, Band 1, Wegscheid: WIKOM GmbH

Grachtrup,B. (2011), Lehrer enttäuscht, Abschluss im öffentlichen Dienst stellt nicht alle zufrieden. In: Dithmarscher Landeszeitung vom 12.03.2011: 2

Höppner, H. (2007): II. Heilmittel. Akademisierung der Gesundheitsfachberufe. Ein Beitrag zur Qualitätssicherung und Effektivitätssteigerung gesundheitlicher Versorgung in Deutschland. Online in Internet: „URL: http://media.gek.de/downloads/magazine/Heil-und-Hilfsmittel-Report-2007.pdf [Stand: 29.03.2011]"

IFK (2008): Wirtschaftlichkeitsumfrage. Düstere Zeiten für Physiotherapeuten. Online in Internet: „URL: http://www.up-aktuell.de/news/2009/02/ifk-umfrage-dustere-zeiten-fur-physiotherapeuten-2028.html [Stand: 03.03.2011]"

Jessen, E. (2006): Logopäden fürchten um ihre Existenz. In: Hamburger Abendblatt vom 03.02.2006

Kälble, K. (2008): Die Gesundheitsfachberufe im Akademisierungsprozess: Aktuelle Entwicklungen und Problemfelder ihrer Höherqualifizierung. In: Matzick (Hrsg.): Qualifizierung in den Gesundheitsberufen. Weinheim und München: Juventa Verlag
195-208

Krankenkassenratgeber (2011). Online in Internet: „URL: http://www.krankenkassenratgeber.de/news/leserfragen/krankenkassenpflicht-2.html
[Stand: 26.03.2011]"

Lohmeier, K. (2010): Fort- und Weiterbildung in einer logopädischen Praxis unter Berücksichtigung veränderter Bedingungen am Gesundheitsmarkt, Hausarbeit Personalmanagement, Studiengang Gesundheits- und Sozialmanagement. Hamburger Fern-Hochschule

Matzick, S. (2008): Qualifizierung in den Gesundheitsberufen, München: Juventa Verlag

Meusch, D. (2006): Bilanz und Zukunft der Integrationsversorgung. In: Der Chirurg BDC 8/ 2006: 247

Moldaschl, M. (2007): Immaterielle Ressourcen, 2. Auflage, München und Mering: Rainer Hampp Verlag

Nagel, R. (2009): Lust auf Strategie, 2. Auflage, Stuttgart: Schäffer-Poeschel Verlag

Pflügel, R. (2008): Strategien für zukünftige Anforderungen im Gesundheitswesen, Master-Forschungsprojekt 2007/08 Studiengang Gesundheitswissenschaften, Hochschule Neubrandenburg: Grin Verlag

physio.de Informationsdienste GmbH (2010): Berufsbild nichtärztlicher Heilberufe. Online in Internet: „URL: http://www.physio.de/physio/berufsbild.htm
[Stand: 26.03.2011]"

Röttger-Liepmann, B.(2009): Integrierte Versorgungsprozesse, Studienbrief 1: Grundlagen und Handlungsstrategien. Studienbrief der Hamburger Fern-Hochschule

Salutzki, S. (2010): Der Vergütungsanspruch des freiberuflichen Heilmittelerbringers im System der gesetzlichen Krankenversicherungen: Grin Verlag

Schreyögg, G.; Koch, J. (2010): Grundlagen des Managements, 2. überarbeitete und erweiterte Auflage, Wiesbaden: Gabler Verlag

Sozialgesetzbuch (2008): fünftes Buch - Gesetzliche Krankenversicherung §71 Abs. 3, 36. Auflage, Deutscher Taschenbuch Verlag

Spitzenverbände der Gesetzlichen Krankenkassen, Deutscher Bundesverband für Logopädie e.V. (2009): Vertrag zur Abgabe von Heilmitteln der Sprach-, Sprech- und Stimmtherapie

Szeless, G. (2001), Diversifikation und Unternehmenserfolg, Dissertation, Hochschule für Rechts- und Sozialwissenschaften St. Gallen

Walkenhorst, U.; Klemme, E. (2008): Kompetenzentwicklung und Qualifizierung in der Ergo- und Physiotherapie. In: Matzick (Hrsg.): Qualifizierung in den Gesundheitsberufen. Weinheim und München: Juventa Verlag 179-194